La luz forma un arco iris

Sharon Coan, M.S.Ed.

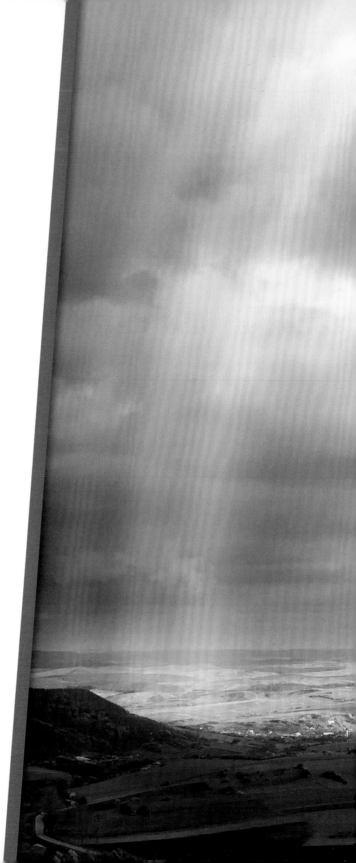

Asesoras

Sally Creel, Ed.D.
Asesora de currículo

Leann Iacuone, M.A.T., NBCT, ATC
Riverside Unified School District

Jill Tobin
Semifinalista
Maestro del año de California
Burbank Unified School District

Créditos de imágenes: págs.6–7, 16–17, 24 Andyworks/iStock; pág.16 (superior) Tim Bradley; págs.20–21 (ilustraciones) Janelle Bell-Martin; todas las demás imágenes cortesía de Shutterstock.

Teacher Created Materials
5301 Oceanus Drive
Huntington Beach, CA 92649-1030
http://www.tcmpub.com
ISBN 978-1-4258-4648-0

Contenido

Se forma un arco iris

Ves la lluvia. Ves el sol.

Sabes lo que eso significa. ¡Ves un arco iris!

Un arco iris se forma cuando la luz
atraviesa las gotas de agua.

Las gotas curvan la luz. Cuando la luz se curva, se divide en colores.

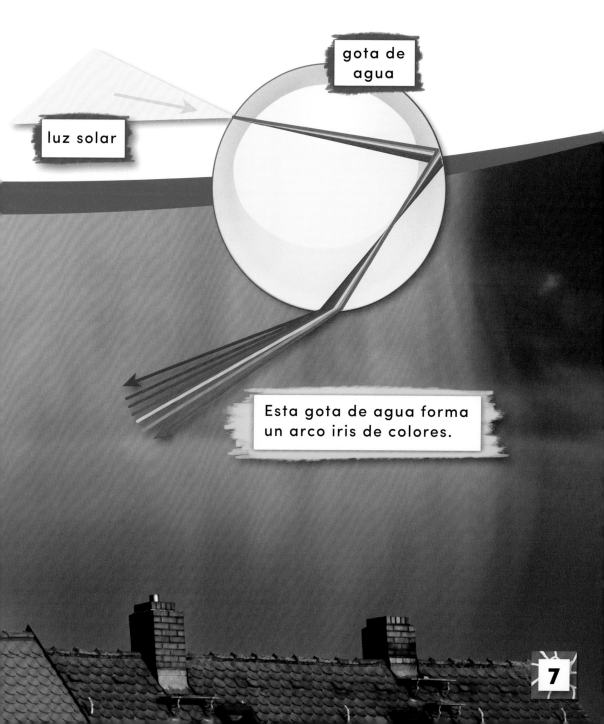

luz solar

gota de agua

Esta gota de agua forma un arco iris de colores.

¿Qué es la luz?

La luz es un tipo de **energía**. Se mueve muy rápido.

Energía

La energía es la capacidad de hacer un trabajo o de estar activo.

lámpara

estrellas

Los **científicos** creen que la luz se mueve más rápido que todas las demás cosas.

linterna

Todas las cosas que se encuentran en esta página emiten luz.

sol

La energía de la luz se encuentra en partes pequeñas. Las partes se mueven juntas en ondas.

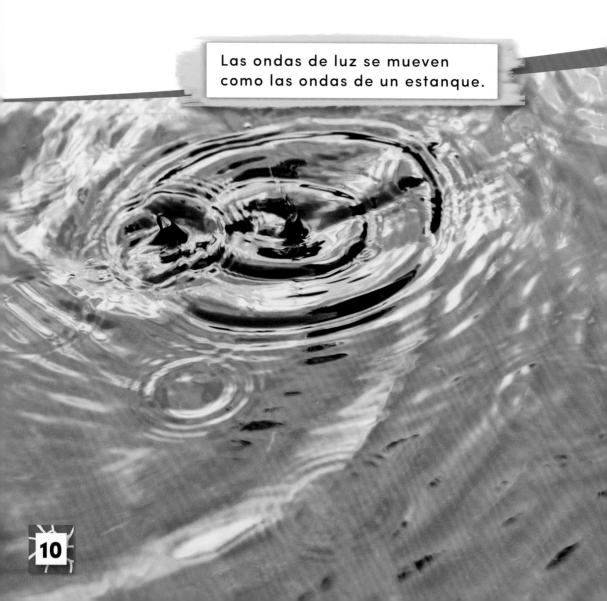

Las ondas de luz se mueven como las ondas de un estanque.

Las ondas se llaman **ondas de luz**.

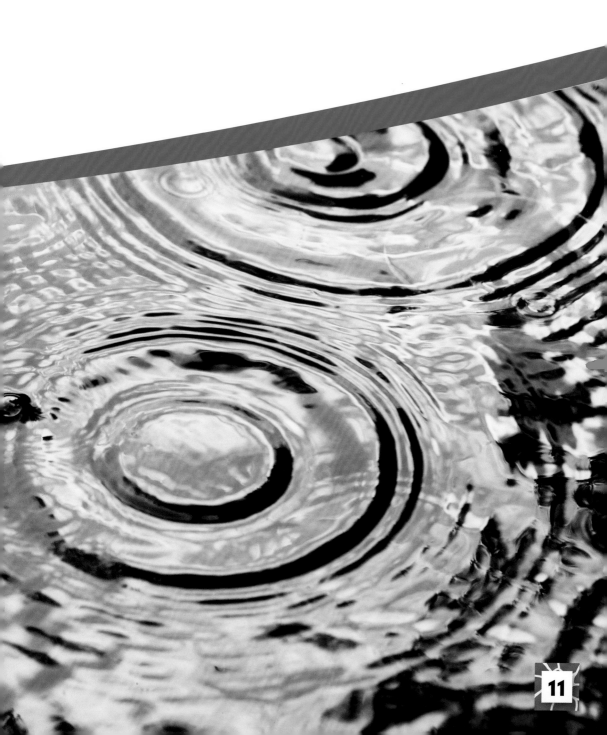

La luz y el color

La luz del sol contiene todos los colores mezclados.

La luz solar parece ser blanca, pero tiene todos los colores.

Cada color tiene su propia **longitud de onda**. Una longitud de onda es qué tan ancha es la onda.

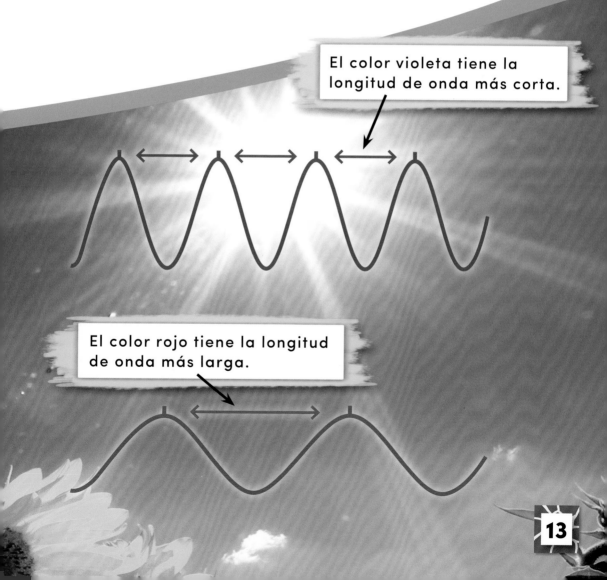

El color violeta tiene la longitud de onda más corta.

El color rojo tiene la longitud de onda más larga.

Las gotas de agua pueden curvar las ondas de luz. Cuando lo hacen, las ondas de color se alinean.

Las gotas de agua pueden curvar la luz.

Los colores se alinean desde la onda más larga hasta la más corta. Siempre se alinean en el mismo orden.

¡Los prismas también pueden curvar la luz!

Los colores del arco iris

Piensa en un hombre llamado Raav Aív. ¡Las letras de su nombre representan los colores!

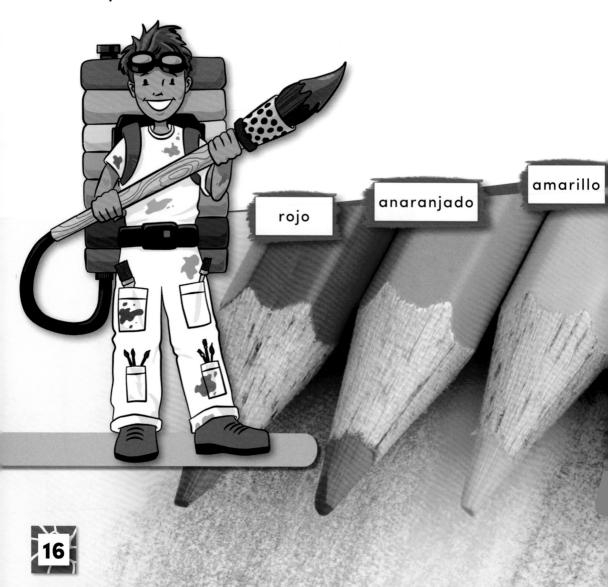

rojo

anaranjado

amarillo

Los colores son rojo, anaranjado,
amarillo, verde, azul, índigo y violeta.

verde

azul

índigo

violeta

Los colores salen cuando el sol
brilla a través de la lluvia. ¡Forman un
hermoso arco iris!

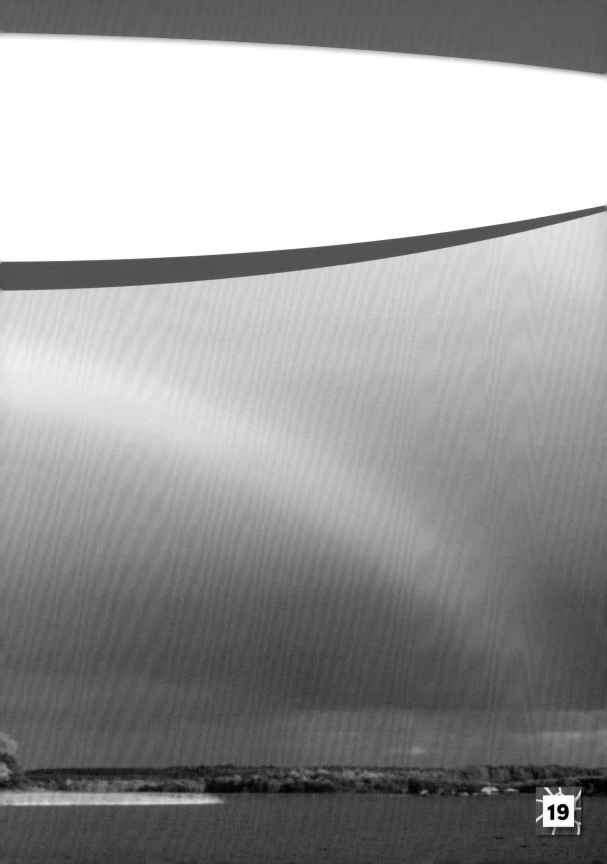

¡Hagamos ciencia!

¿Qué sucede cuando la luz pasa a través del agua? ¡Intenta esto y verás!

Qué conseguir

- ○ papel y lápiz
- ○ rociador

Qué hacer

1 Llena un rociador con agua.

2 Sal al aire libre un día soleado.

3 Sostén el rociador al frente tuyo. Rocía rápidamente agua en el aire algunas veces.

4 ¿Qué ves? Dibuja lo que observaste en una hoja de papel.

Glosario

científicos: personas que estudian la ciencia

energía: potencia utilizable que proviene del calor, la electricidad o la luz

longitud de onda: la distancia entre las partes superiores de dos ondas

ondas de luz: la forma en la que fluye la luz hacia arriba y hacia abajo

Índice

¡Tu turno!

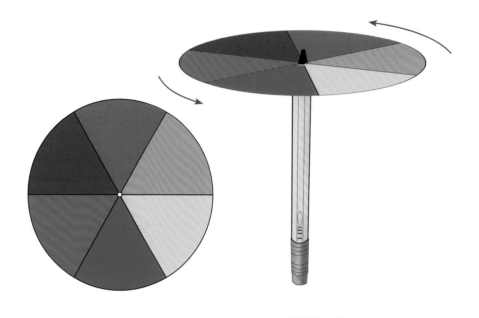

Colores giratorios

Recorta un círculo de papel. Dibuja
líneas para hacer seis secciones. Colorea
las secciones para que coincidan con
la imagen de arriba. Sostén un lápiz
en el medio del círculo y hazlo girar
rápidamente. ¿Qué ves?